LE
MONT BLANC,

OU

DESCRIPTION DE LA VUE ET DES PHÉNOMÈNES

QUE L'ON PEUT APERCEVOIR

AU

SOMMET DU MONT BLANC;

par M. A. Bravais,

LIEUTENANT DE VAISSEAU,
PRÉSIDENT DE LA SOCIÉTÉ MÉTÉOROLOGIQUE DE FRANCE, ETC.

PARIS,

ARTHUS BERTRAND, ÉDITEUR,

LIBRAIRE DE LA SOCIÉTÉ DE GÉOGRAPHIE,

RUE HAUTEFEUILLE, 21.

SOMMET DU MONT BLANC.

LE
MONT BLANC,

OU

DESCRIPTION DE LA VUE ET DES PHÉNOMÈNES

QUE L'ON PEUT APERCEVOIR

DU

SOMMET DU MONT BLANC;

par M. A. Bravais,

LIEUTENANT DE VAISSEAU,

PRÉSIDENT DE LA SOCIÉTÉ MÉTÉOROLOGIQUE DE FRANCE, ETC.

PARIS,
ARTHUS BERTRAND, ÉDITEUR,

LIBRAIRE DE LA SOCIÉTÉ DE GÉOGRAPHIE,

RUE HAUTEFEUILLE, 21.

SOMMET DU MONT BLANC.

Le sommet du mont Blanc forme une arête entièrement neigeuse, d'une largeur de 5 à 6 mètres, et
qui se dirige de l'est-nord-est à l'ouest-sud-ouest; il
est élevé de 4,810 mètres au-dessus du niveau de la
mer. Cette arête, peu saillante au-dessus des neiges
ambiantes, se fond insensiblement, sur son côté mé-

ridional, avec un plateau, pareillement de neige, parallèle à l'arête; sa largeur est d'une centaine de mètres, et il est incliné d'environ une dizaine de degrés vers le sud; peut-être même cette valeur estimée est-elle trop considérable, car, en général, c'est par une erreur en plus que pèchent les appréciations des pentes pour un œil dépourvu d'instruments de mesure. On peut se demander si cette forme du sommet est constante et si elle ne varie pas par l'action continue de la neige et des vents. Consultons, à ce sujet, la description donnée par de Saussure. L'illustre observateur parle, lui aussi, d'une arête allongée dirigée du levant au couchant, et sensiblement horizontale dans sa partie la plus élevée; mais il ajoute que cette arête est très-étroite, presque tranchante à son sommet, et que deux personnes ne pourraient y marcher de front, ce qui ne suppose pas une largeur supérieure à 1 mètre. Ainsi cette largeur est variable suivant les années, et il est probable que ce sont les flancs de l'arête qui se sont élevés, depuis de Saussure, par l'amoncellement latéral de la neige, et non l'arête elle-même qui en aurait perdu à son sommet.

Du côté du nord ou plutôt du nord-nord-ouest, l'arête est bordée par une immense pente de neige dont l'inclinaison diffère peu de 40 à 45 degrés; elle vient aboutir et se relier par des courbes plus douces avec le grand plateau du mont Blanc, situé à environ 4,000 mètres au-dessus de la mer.

Du côté du sud, après le petit plateau dont j'ai parlé, la pente devient tout d'un coup très-rapide, et il pourrait être dangereux de trop s'avancer vers le bord ; car la pente aboutit, de ce côté, aux précipices immenses qui commandent l'Allée blanche.

Du côté de l'est, l'arête du sommet se bifurque et fournit deux branches descendantes : l'une, au nord-est, vers le glacier de Taléfre, l'un des bras de la mer de glace ; l'autre dirigée vers le sud 40° est : cette dernière va aboutir à un second sommet séparé du premier par une faible dépression de l'arête. Ce second sommet est ordinairement connu sous le nom de mont Blanc de Cormayeur ; pour toute la vallée de ce nom, il remplace le véritable mont Blanc, dont il dérobe le sommet à la vue. A partir d'un point voisin de son sommet, la montagne, en s'abaissant vers Cormayeur, forme un immense triangle dont le sommet est dirigé vers le haut, et dont l'aire est presque dépourvue de neige ; d'immenses rochers escarpés la remplacent ; leur inclinaison très-abrupte et leur exposition méridionale ne permettent pas qu'elle persiste, au moins l'été, sur leurs flancs.

Le mont Blanc de Cormayeur peut avoir 50 à 60 mètres d'élévation de moins que le vrai sommet, et il en est éloigné d'environ 600 mètres; son angle de dépression angulaire, pris du sommet du mont Blanc, a été trouvé égal à 5° 20'. Je pense que l'on peut aller facilement de l'un à l'autre en une demi-heure et par une pente assez douce.

A peu près vers le milieu de l'arête de jonction de ces deux sommets, on trouve un gros rocher qui s'élève au-dessus de la neige et qui fait face au sud-ouest; il est désigné par les guides sous le nom de *Rocher de la Tourette*. Il est, sans contredit, le plus haut de ceux qui avoisinent le sommet; l'on doit le considérer comme étant le point rocheux visible le plus élevé de l'Europe; vu de loin, il se projette en noir sur la neige et peut être aperçu à de très-grandes distances. De l'observatoire de Lyon, on le distingue très-bien avec une bonne lunette, sous l'apparence d'un petit point obscur placé sur le contour apparent de la montagne. Il est situé à environ 80 mètres au-dessous de la cime la plus haute, et l'on peut, de là, s'y rendre en dix minutes; mais, à cause de la pente de l'arête de jonction, il faut plus d'un quart d'heure pour revenir de là au sommet de la montagne.

Sur le versant nord du cône terminal du mont Blanc, à environ 100 mètres sous le sommet, on trouve un autre rocher, peu saillant, nommé le *petit Mulet supérieur*, rocher que nous n'avons point visité et qui a été laissé sur la droite dans notre route. A 50 ou 100 mètres plus bas, on trouve le petit Mulet inférieur, qui est probablement le même que le rocher, *récemment fracassé par la foudre*, dont parle de Saussure dans la relation de son ascension.

Enfin, à 350 mètres en dessous du sommet, on trouve le rocher Rouge supérieur, qui forme au-dessus de la neige une assez forte saillie. Tous ces rochers ont, vus d'un peu loin, un aspect jaunâtre, et il en est de même des aiguilles situées au nord du mont Blanc, par exemple, de l'aiguille du midi et du mont Maudit.

Le coup d'œil dont on jouit du sommet du mont Blanc est d'une grande beauté ; malheureusement les objets sont trop éloignés pour qu'on puisse en reconnaître les détails , et ce qui frappe le plus le voyageur, c'est la magnificence de l'ensemble. De Saussure a déjà remarqué que le spectacle est beaucoup plus beau et plus intéressant du côté de l'Italie. Au nord, dans la partie suisse, la ligne de faîte du Jura termine l'horizon par des zones bleues que la vapeur de l'atmosphère rend peu distinctes; l'aiguille des Fiz, le Buet, les Diablerets, et surtout cette montagne grandiose de la dent du midi de Bex, qui a près de 3,500 mètres de hauteur, donnent un aspect assez imposant à cette partie de la vue. Mais, au midi, le nombre des grandes montagnes aperçues n'est plus calculable, et les formes les plus variées se déploient devant l'observateur.

Panorama du mont Blanc.

Voulant utiliser mon court séjour sur le sommet, et me trouvant muni d'un théodolite donnant à la fois les angles et les hauteurs des objets, je n'hésitai pas à relever le panorama de la partie sud de l'horizon, en mesurant ces deux sortes d'éléments pour les principaux sommets et traçant le dessin général de leur contour. Je fus, en cela, bien grandement aidé par mon ami et compagnon de route M. Lepileur, qui voulut bien se charger de transcrire tous les angles obtenus. La première partie du temps que nous avions à dépenser sur le sommet avait été déjà consacrée à des observations météorologiques ; nous ne pûmes ainsi arriver qu'à passer en revue environ 190 degrés du tour de l'horizon, mais, il est vrai, dans la partie la plus intéressante et la plus riche en montagnes et en formes variées. Nous prîmes ainsi les relèvements et les angles de hauteur de trente-sept sommets ; les lignes d'horizon intermédiaires furent dessinées à la vue, de manière à conserver, autant que possible, les rapports des dimensions de leurs contours.

Le temps nous a manqué pour dessiner les plans

les plus rapprochés , très-nombreux et très-divers par leurs détails; ainsi notre travail n'est encore qu'une ébauche peu complète de l'immense panorama qu'offre l'horizon du mont Blanc. Néanmoins il m'a paru intéressant d'en publier les résultats; des observations futures pourront les compléter, en y ajoutant la partie du nord ainsi que les montagnes intermédiaires appartenant aux plans les moins éloignés, dans la région australe visible du sommet.

Je vais maintenant donner quelques détails sur la vue panoramique que je joins à cette note, en commençant par la zone orientale. On remarquera d'abord que toute la chaîne du mont Rose et de ses contreforts méridionaux était, sur un espace de 30°, entièrement cachée par les nuages, ce qui nous a fait perdre la vue de cette portion du paysage si intéressante par sa hauteur, rivale de celle du mont Blanc lui-même. Sur la gauche du lieu qu'occupe cette chaîne, on voit, entre des sommets élevés, une profonde dépression qui correspond évidemment au passage du grand Saint-Bernard ; cependant il est assez difficile de dire si ce passage est sur la droite ou sur la gauche de la montagne cotée 77° 56'; les données géographiques m'ont manqué pour fixer d'une manière certaine les noms des sommets voisins de ce passage. Il me paraît cependant probable que les trois sommets pointus situés sur la droite sont le Vélan, le Combin et le mont Cervin. Le plus élevé de ces sommets n'a qu'une dépression angulaire de 0° 49', ce qui, pour une distance de 34 minutes terrestres, suppose une élévation de 4,100 mètres. C'est donc là évidemment le groupe formé par ces trois montagnes, groupe qui relie la chaîne du mont Blanc à celle du mont Rose, entre le passage du Saint-Bernard et le col de Saint-Théodule. La position relative que le panorama indique à ces montagnes n'est point d'accord avec leur position sur les cartes; les données géodésiques exactes m'ont manqué pour trancher cette question. Les montagnes cotées 70° 46' et 79° 55' sont des montagnes nécessairement très-élevées, d'après leur cote de hauteur.

Il résulte des calculs de la note qui termine cette notice que la haute montagne cotée 0° 49' doit avoir au moins une hauteur de 4,100 mètres au-dessus de la mer; ainsi ce ne peut être que le mont Cervin ou le Breithorn, montagnes qui ne diffèrent pas beaucoup, ni en altitude ni en distance, au mont Blanc. Il est presque évident, d'après cela, que cette montagne est le mont Cervin, dont la distance au mont Blanc est à peu près égale à 34 minutes terrestres. La grande dépression qui s'observe sur la droite correspond au col de Saint-Théodule, élevé de 3,500 mè-

tres au-dessus du niveau de la mer, et les nuages
doivent être la cause qui nous a privés de la vue du
Breithorn, point de départ, dans l'ouest, de la chaîne
du mont Rose. Les deux montagnes placées sur le
dessin à gauche du Cervin ne peuvent être que le
Combin et le Vélan. La montagne à contour arrondi
cotée 77° 36′ est probablement la pointe de Dronaz,
à laquelle M. Joanne accorde 2,900 mètres dans son
Itinéraire de la Suisse, et qui est ainsi moins haute
que le Vélan. Le col placé à gauche par 74° d'ampli-
tude serait le col Ferrex, et la grande montagne
cotée 70° 46′ serait probablement, à cause de sa hauteur qui ne peut être inférieure à 3,700 mètres, l'aiguille d'Argentière, qui n'était qu'à une distance de
10 minutes de degré de notre sommet. Cette montagne
et les deux qui l'avoisinent sur la gauche seraient donc
les derniers contre-forts du mont Blanc du côté où sa
chaîne, contournant l'Arve, pénètre dans le Valais.

Par delà les nuages qui interceptaient la vue de la
chaîne du mont Rose, on trouve une série de sommets
presque tous coniques, et qui s'étendent jusqu'au mont
de la Levanna ; ce sont les montagnes de la grande
vallée d'Aoste. La première me paraît être celle que
la carte piémontaise nomme Becco di Nonna (1) ;

---

(1) Dans cette partie du panorama jusqu'à la Levanna, les ren-

je n'ai pu déterminer le nom de la deuxième (116°
10'), qui paraît cependant l'une des plus élevées de
toute cette région ; puis vient le pic de la grande
Alp (125° 57') et Punta di Lavinna (127° 7'), puis
la montagne inconnue marquée (130° 26'), puis une
autre fort élevée qui doit être Ghiaccia di Monei.
Encore plus au sud, on aperçoit une montagne formant un cône aplati au sommet, située derrière le
mont Blanc de Courmayeur, et cotée 141° 56' sur
mon dessin. De cette montagne semble partir une
chaîne qui se dirigerait à peu près vers le sud, et qui
comprendrait le bec de Tossi et la montagne de Nu-
volé. Plus au sud on voit la Levanna, haute sommité
à partir de laquelle la série des montagnes du panorama abandonne la ligne de faîte de la vallée d'Aoste
pour suivre la ligne de séparation de la vallée du Pô
et de la vallée de l'Arc, qui est, comme l'on sait, le
principal affluent de l'Isère.

Après les nuages qui interrompent la vue de l'horizon, on aperçoit Roche-Melon, montagne conique
fort élevée, et qui est l'un des points de la grande
triangulation piémontaise ; sa hauteur, mesurée géo-
désiquement, est de 3,542 mètres. On voit ensuite, à

---

seignements géodésiques exacts m'ont fait défaut. Je me suis servi,
dans cette partie, de la carte piémontaise intitulée, « *Carta degli
Stati di Sua Majesta Sarda*, 1841. »

une prodigieuse distance de 150 kilomètres, le mont Viso, si remarquable par sa forme conique, et dont la coupe supérieure offre, sur la droite, une petite éminence latérale moins élevée de 0° 3′ que le principal sommet. Le profil de l'horizon suit alors, sur une dizaine de degrés, la chaîne du mont Viso ; en avant d'elle l'on voit se dessiner la chaîne qui, partant de Roche-Melon, borde, sur son côté nord-est, la route du mont Cenis, route qui traverse cette chaîne entre Roche-Melon et le mont Ambin. La montagne qui se voit en avant du Viso me paraît être la pointe du mont Cenis. Plus à droite, et dans l'ouest du mont Ambin, on aperçoit la pointe du Grand-Vallon, montagne qui, d'après la mesure de la dépression, doit avoir une hauteur égale à 5,400 mètres ou 5,500 mètres. Un sommet placé à gauche, et dont on ne voit que l'extrémité supérieure, est sans doute le Chaberton, point appartenant à la grande triangulation piémontaise. Une grande dépression à droite de cette montagne indique la vallée où coule la rivière d'Arc. La montagne en forme de tente, à droite de cette coupée, me paraît être la dent Parassée, qui domine Lans-le-Bourg à l'ouest.

A partir de cette montagne, la forme des sommets qui, dans la partie orientale du paysage, avaient plus ou moins l'apparence d'un cône, change d'une manière très-sensible. Jusqu'à ce que nous atteignions les montagnes calcaires de la Savoie et du Dauphiné, nous ne trouvons plus que des formes découpées et très-irrégulières. En première ligne se présentent des montagnes dentelées (166° 33′ et 165° 45′), dont une partie seulement reste découverte pour notre œil. Pour trouver sur la carte le nom de cette chaîne, je remarque que son azimut est compris entre celui de Roche-Chevrière (169° 29′) et celui du mont Tabor (163° 33′), qui sont des sommets de la grande triangulation piémontaise; les nuages nous ont précisément caché le lieu de ces deux sommets. Or les ingénieurs piémontais nous ont donné des panoramas pris de ces deux stations. Le panorama du Tabor montre que, dans la chaîne qui se dirige vers l'Ambin (n° 1 du panorama du Tabor), il n'y a aucune montagne assez élevée et qui, à cette distance du mont Blanc, puisse avoir seulement 1° 17′ de dépression; car sa hauteur devrait être d'environ 3,400 mètres, et il n'est pas probable que la montagne qui domine le col de la Roue ait une pareille élévation. Il en est de même dans la direction du Chaberton et du Viso; depuis le Viso jusqu'au Pelvoux, aucune montagne n'atteint l'horizon du mont Tabor, dont l'élévation n'est cependant que de 3,150 mètres : ainsi ces hautes montagnes doivent être au nord de la ligne de jonction du mont Tabor à Roche-Chevrière. La pointe de Massa et les monts de la Ramée offrent seuls les conditions que nous venons d'indiquer ; ainsi 166° 33′ représente probablement la pointe de Massa, et la chaîne, à sa droite, est celle des monts de la Ramée. On voit aussi que la pointe de Massa est plus élevée que Roche-Chevrière, et que sa hauteur doit peu différer de 3,400 mètres.

L'œil, se portant toujours de gauche à droite, commence à découvrir des montagnes françaises, le Pelvoux d'abord, qui domine la vallée de la Durance, pardessus les glaciers d'Alefroide ; puis l'Arsine (ou Oursine), qui domine la vallée de la Guisane à l'ouest du Monetier de Briançon ; plus à droite enfin, la Meidge, qui, par les glaciers de la Grave, coumunique avec la vallée de la Romanche, qui sort de son sein. Toute cette chaîne forme un massif énorme, séparé du reste des Alpes par le col du Lautaret et par la route qui joint le bourg d'Oysans à Briançon. Cette sorte d'île montagneuse s'élève de 2,000 mètres au-dessus de ce col, qui la sépare de la grande chaîne des Alpes. Toutes les crêtes sont ici fort dentelées, ce qui suffirait seul pour les faire reconnaître à l'observateur dans l'ensemble du panorama. La Meidge (1) est formée de

---

(1) Je rencontre ici un résultat assez singulier : le relèvement

deux sommets d'égale hauteur; cette montagne est souvent désignée sous le nom de *pic de la Grave* dans les cartes et documents des ingénieurs de l'état-major français. Le sommet de droite est très-probablement celui que l'on aperçoit du village de la Grave.

La montagne conique cotée 149° 4' me paraît être celle de la Muselle, montagne située dans les environs du bourg d'Oysans et décrite, dans les travaux les plus récents et encore inédits des officiers français, comme ayant les éléments suivants :

Latitude = 49^{gr},9243 ; longitude = 4^{gr},1905 ;
Altitude = 3459 mètres.

Cet azimut et cette hauteur s'accordent très-bien avec mon observation.

Plus à droite encore, nous trouvons la chaîne des Rousses, dont le plus haut point est par 145° 17' et à —1° 15' d'élévation angulaire. Les Rousses, appelées aussi Challanches, ont été récemment relevées dans la grande triangulation française, et, grâce à l'obligeance

---

de l'Arsine est 158° 26', ce qui s'accorde, à 6 ou 7 minutes près, avec les données géodésiques. Mais quant à la Meidge, que mon théodolite me donne comme étant placée 4 degrés plus à droite, les calculs géodésiques donnent une différence angulaire de 6 degrés. Je ne puis expliquer cette différence qu'en admettant une erreur de 2 degrés dans la lecture. Il ne peut y avoir eu de rotation dans le limbe horizontal de mon théodolite; car, vers la fin des observations, j'ai repris ma première lecture, qui s'est retrouvée parfaitement d'accord avec sa valeur initiale.

du commandant Hossard, j'ai pu me procurer leurs coordonnées; on y trouve trois principaux sommets, dont le principal, la Rousse n° 2, offre les éléments suivants :

Latitude = 50^{gr},1537; longitude = 4^{gr},2232;
Altitude = 3479 mètres.

Ces éléments s'accordent aussi très-bien avec mes nombres.

Dans le voisinage de la Muselle et des Rousses, la crête de l'horizon offre un aspect très-dentelé, et cet aspect continue au nord de Belledonne. La montagne pointue, comprise entre les Rousses et Belledonne, doit être le Taillefer, montagne qui domine l'entrée de la vallée de l'Oysans, et qui se voit entre les Rousses et Belledonne; les coordonnées déduites des éléments géodésiques sont :

Azimut = 139° 54'4; dépression = — 1° 29'5.

Celles de Belledonne sont :

Azimut = 136° 57'0; dépression = — 1° 26' 8.

Ainsi les élévations apparentes de ces deux montagnes, vues du mont Blanc, sont presque égales.

Belledonne domine le confluent de l'Isère et du Drac. Un signal géodésique en pierres m'a paru placé sur son sommet. La cime qui se voit à sa droite pourrait être le « rocher à l'ouest des sept lacs, » de la triangulation française des environs d'Allevard, ou la montagne d'Arguille (altitude = 2887 mètres; dépression calculée = 1° 59'; latitude = 45° 16' 40''; longitude = 3° 47' 18''). Le petit sommet, à gauche, pourrait être le rocher Blanc (ou rocher Badon) (altitude 2925 mètres; dépression = 1° 34'; latitude 45° 14' 50''; longitude 5° 46' 17'').

De Belledonne jusqu'au mont Granier, l'horizon apparent offre une dépression angulaire sensiblement constante et d'environ 2°.

La montagne ayant 120° 56' pour azimut doit être, d'après les éléments observés, le grand Som, qui domine la grande Chartreuse.

Le Granier me paraît être cette montagne assez large dont j'ai relevé l'extrémité la plus boréale, et dont l'azimut est coté 118° 59'; la hauteur angulaire est — 2° 19'; ce qui s'accorde assez bien avec la dépression calculée. Enfin, parmi les montagnes situées à l'extrémité droite du panorama, on peut reconnaître, mais non d'une manière bien sûre, le mont Grelle (113° 50'), la dent de Nivolet (109° 55'), enfin le Trélod, qui serait la montagne située précisément au-dessous de celle cotée 106° 59', et à laquelle les données géodésiques assignent un azimut égal à 106° 27' et une dépression de 5° 1'.

On a demandé si du mont Blanc on pouvait apercevoir le golfe de Gênes et la mer ; en jetant les yeux sur la carte, on voit déjà que c'est le rivage de Savone qui offre le point le plus rapproché de la montagne, et que là la distance à la côte italienne est inférieure au rayon d'un arc de 2°. Il y a, en outre, dans cette direction, une dépression assez considérable du contour de l'horizon vu du mont Blanc. Entre le bec de Tossi et la Levanna, on voit, sur le panorama ci-joint, cette partie déprimée, dont la hauteur ne paraît pas dépasser, sur 5 ou 6 degrés d'étendue, les nombres — 2° 1/2 ou — 5°. Ce serait donc entre Allassio et Noli que la mer du golfe pourrait être le plus facilement aperçue, à une distance d'environ 2°.

Il est facile de montrer que, dans toute autre direction, la vue de la Méditerranée serait impossible; car, si l'on cherche l'inclinaison de la trajectoire tangente à la mer, ainsi que son point de contact avec elle, il faudra faire $h = o$ dans les formules (2) et (5) de la note qui termine cette notice, formules qui donnent δ_0 et Δ_0, et l'on trouvera, pour la dépression angulaire, $\delta_0 = 2° 6'$, et pour la distance de ce point au mont Blanc $\Delta_0 = 2° 21' 6$.

Il en résulte que, dans toutes les parties du panorama où la hauteur des sommets est supérieure à celle qui correspond à — 2° 6', la mer doit rester cachée; or c'est ce qui a lieu dans tout le contour de l'horizon, excepté au lieu que nous venons d'indiquer.

Je dis maintenant que, même dans cette direction, d'Allassio et de Noli, la mer ne se verrait probablement pas ; car la chaîne des Alpes maritimes borde au nord la côte d'Allassio et de Noli, et, en comptant $1°55'$ pour sa distance au mont Blanc, cette chaîne ne serait éloignée que de $27'$ du petit cercle que traceraient sur la mer les trajectoires lumineuses tangentes à la mer et parties du sommet du mont Blanc. Or, à cette distance, la formule $\Delta_0 = 2,042\,\sqrt{\mathrm{H} - h}$, en y faisant $h = o$, donnerait, pour l'altitude de la trajectoire, la faible hauteur de 180 mètres. Il faudrait donc que la chaîne des Alpes maritimes, entre Allassio et Noli, s'abaissât, sur une certaine étendue, à cette faible hauteur ; ce qui paraîtra, sans doute, fort peu vraisemblable. Je conclus donc qu'il me semble impossible que du mont Blanc on puisse apercevoir la mer, et réciproquement que de la mer de Gênes on puisse voir son sommet. Mais il ne faudrait pas étendre cette conclusion aux montagnes qui bordent la côte du golfe ; car leur distance au mont Blanc n'est que de $1°55'$. Or, en France, on peut voir cette dernière montagne à des distances encore plus grandes ; par exemple, on la voit très-bien de Dijon, ainsi que du sommet du mont Mézenc, qui sont placés à une distance au moins égale à 2 degrés : on dit même qu'on la voit aussi du haut du plateau de la ville de Langres ; mais c'est là un point sur lequel je n'ai pu obtenir de renseignements officiels.

Je ferai remarquer que, pendant la journée du 28 août 1844, outre les nuages fixés sur certains points des montagnes, un hâle blanchâtre régnait dans l'air, et principalement à l'horizon ; ce hâle, qui intercepte la vue des objets très-éloignés, est l'accompagnateur habituel des vents du nord ou de l'est, qui sont les seuls avec lesquels on peut tenter l'ascension du mont Blanc avec chance de succès, à moins, toutefois, que l'on ne monte au mont Blanc pour soutenir un défi, et que l'on ne consente d'avance à sacrifier la vue que l'on devrait avoir du sommet. Quand le vent de sud-ouest règne dans la saison d'été, il ne se passe guère une seule journée sans pluie ou du moins sans nuages ; mais le ciel, étant alors beaucoup plus humide, est aussi d'une transparence bien plus complète, d'un bleu plus pur. Les terres sont aussi mieux visibles, pourvu que les nuages viennent de se retirer, par exemple, après une pluie qui a augmenté l'humidité de l'air et qui a abattu toutes ses poussières. Souvent alors, pour l'observateur placé dans la plaine et à une distance médiocre d'une chaîne de montagnes, celle-ci ne devient nettement visible qu'aux époques que nous venons d'indiquer : il peut arriver aussi que le vent d'ouest s'établisse dans les régions supérieures de l'air, le nord-est continuant à souffler près du sol, et cela pendant un, deux ou même trois jours; alors les montagnes prennent une vigueur de ton et une netteté de détails qui ne leur sont pas habituelles : cet état particulier annonce aux habitants du pays l'arrivée prochaine de la pluie. J'ai pu moi-même m'en convaincre en observant le mont Blanc du haut de la tour de l'observatoire de Lyon.

Il résulte de là qu'il sera toujours très-difficile d'avoir, sur le sommet du mont Blanc, une vue parfaitement nette des objets éloignés. Les meilleures conditions de cette netteté sont les deux suivantes : que l'objet soit brillant comme l'est, par exemple, une montagne couverte de neige; que le soleil se lève derrière l'objet et par un ciel pur. Alors, un peu avant le lever de l'astre, le contour apparent de l'horizon se projette avec une grande netteté sur un ciel brillant. Un effet analogue a lieu aussi immédiatement après le coucher de l'astre; mais la netteté des contours est alors presque toujours moins grande que dans le cas du lever, sans doute à cause du refroidissement considérable qui se produit alors et trouble l'équilibre des couches, et du calme plus grand qui a régné dans l'air pendant la période nocturne.

Outre les montagnes qui bordent l'horizon du mont Blanc, on en voit une multitude de moins éloignées qui se projettent les unes sur les autres, et qu'il eût été bien long de dessiner. J'ai examiné assez attentivement celles du nord, qui semblaient se coordonner en divers chaînons; mais, au midi, le désordre est tel, qu'il aurait fallu un œil plus exercé que le mien pour s'y reconnaître.

Voici l'ordre dans lequel paraissent se succéder, du côté du nord, les chaînes de montagnes de la Savoie et de la Suisse : le Brévent et les Aiguilles rouges; la chaîne des Fiz et du Buet, à laquelle se rattache la Dent du midi par une vallée dont la direction est différente; plus cinq autres chaînons, dont le dernier contient la montagne des Voirons.

Tous ces chaînons sont sensiblement parallèles, et courent à peu près nord-nord-est—sud-sud-ouest ou nord-est—sud-ouest; au delà est le Jura, dont la direction générale est encore la même.

On aperçoit aussi très-bien les trois chaînes suivantes : celle des Diablerets, la chaîne du Simmenthal et celle des Alpes bernoises; elles paraissent aussi parallèles entre elles, mais courent plus vers l'est que les précédentes.

La chaîne entre Martigny et Saint-Maurice paraît obéir à une autre loi. Enfin, au mont Blanc lui-même, la direction des cimes qui l'accompagnent, en conservant une très-grande hauteur, est celle de l'Aiguille du midi; cette chaîne comprend le sommet sans nom qui figure, sous le n° 55, dans le panorama de l'*Itinéraire de la Suisse*, par M. Joanne, et que nous avons cru devoir, dans nos relations, désigner sous le nom d'Aiguille de Saussure, puis le mont Blanc du Tacul ou le mont Maudit, enfin l'Aiguille du midi ; la direction générale est à peu près du nord au sud.

Phénomènes météorologiques.

Je terminerai cette note par quelques considérations sur l'état physique du sommet du mont Blanc et des parties les plus voisines, par exemple des parties situées entre 5,500 et 4,800 mètres de hauteur. Ces considérations seront en partie empruntées au rapport que nous avons adressé (1), M. Martins et moi, au ministre de l'instruction publique, le 15 septembre 1844, en partie à mes notes personnelles et en partie au compte rendu de nos observations météorologiques (2). Je décrirai d'abord un phénomène optique qui doit tous les jours s'y reproduire, au coucher et au lever du soleil, lorsque le ciel est pur ; je veux parler de la projection de l'ombre de la montagne sur l'atmosphère.

Le 28 août 1844, à six heures quarante minutes, jour de notre ascension, le soleil approchant de l'heure

---

(1) *Moniteur* du 18 septembre 1844.

(2) *Ann. météor.*, année 1850, p. 131 ; observations météorologiques, par MM. Bravais et Martins.

de son coucher, nous jetâmes les yeux du côté opposé à l'astre, et nous aperçûmes, non sans quelque étonnement, l'ombre du mont Blanc qui se dessinait sur les montagnes couvertes de neige de la partie est de notre panorama ; je relevai le sommet de cette ombre au théodolite, et j'obtins la dépression — 1°. Une minute après, elle était à — 0° 48′ ; nous restâmes encore environ dix minutes sur le sommet, occupés à serrer notre petit bagage et un peu pressés de descendre à cause de la brièveté du crépuscule sur les hautes montagnes, brièveté qui nous était déjà bien connue, et nous désirions atteindre le grand Plateau avant la nuit complétement close. J'ai dessiné, dans le panorama, la forme que prit alors l'ombre du mont Blanc. Elle s'éleva graduellement dans l'atmosphère, la prenant pour un tableau sur lequel elle venait se peindre. La séparation de l'ombre et de la lumière était fort tranchée dans ses contours ; elle continua à s'élever ainsi, dépassant les montagnes de la vallée d'Aoste, et elle atteignit la hauteur de 1°, restant encore parfaitement visible.

L'air, au-dessus du cône d'ombre, était teint de ce rose pourpre que l'on voit, dans les beaux couchers du soleil, colorer les hautes sommités ; le bord de cette teinte, tout le long de la ligne de séparation du cône d'ombre, offrait un rose plus intense, et cette bordure continue rehaussait l'éclat du phénomène.

Que l'on imagine maintenant les montagnes de la grande vallée d'Aoste, projetant elles aussi, à ce même moment, leurs ombres dans l'atmosphère, les bords de ces grands cylindres visibles à l'œil, leur partie inférieure sombre avec un peu de verdâtre, et au-dessus de chacune de ces ombres la nappe rose purpurine, avec la ceinture rose foncée qui la séparait d'elles ; que l'on ajoute à cela la rectitude des contours des cônes d'ombre, et principalement du contour de leur arête supérieure, et enfin les lois de la perspective faisant converger toutes ces lignes l'une vers l'autre, vers le sommet même de l'ombre du mont Blanc, c'est-à-dire au point du ciel où nous sentions que les ombres de nos corps devaient être placées, et l'on n'aura encore qu'une idée incomplète de la richesse du phénomène météorologique qui se déploya pour nous pendant ces quelques instants. Il semblait qu'un être invisible était placé sur un trône bordé de feu, et que, à genoux, des anges aux ailes étincelantes l'adoraient, tous inclinés vers lui. A la vue de tant de magnificence, nos bras et ceux de nos guides restèrent inactifs, et des cris d'enthousiasme s'échappèrent de nos poitrines. J'ai vu les belles aurores boréales du nord avec leurs couronnes zénithales aux colonnes diaprées et mobiles, et que nos plus beaux feux d'artifice ne sauraient égaler par

leurs effets ; eh bien ! la vue de l'ombre du mont Blanc
sur le ciel me paraît plus grandiose encore.

Après dix minutes de contemplation, il fallut son-
ger au départ ; heureusement la pleine lune, qui se
levait brillante au-dessus de l'horizon oriental, devait
protéger la course que nous avions à faire pour rega-
gner notre tente, où nous arrivâmes après cinquante-
cinq minutes d'une descente très-rapide. Dans ce laps
de temps, nous parcourûmes une route qui, le matin,
avait exigé une ascension de trois heures et trente-
cinq minutes.

La neige tombe parfois très-abondamment sur le
mont Blanc ; c'est ainsi que, dans l'espace de trois
heures, une chute de 6 décimètres eut lieu, le 8 août,
au grand plateau. Il est probable que la quantité de
neige est plus grande en été qu'en hiver ; car, en été,
des nuages humides, en arrivant, par exemple, du sud-
ouest sur ce sommet, toujours très-refroidi par le
rayonnement nocturne, s'y condensent en une quantité d'eau glacée très-considérable, et, en hiver, le
froid beaucoup plus grand de l'air ne permettant pas
à l'humidité absolue d'être aussi considérable, les
chutes totales doivent alors être évidemment moins
importantes.

Le rayonnement du sommet du mont Blanc se fait
avec une énergie extrême ; de sorte que sa tempéra-

ture, par les temps clairs, est bien plus basse que celle de l'air ambiant. Un thermomètre placé à 2 décimètres dans la neige y marquait —14°; à cette profondeur, et pour un corps aussi mauvais conducteur, ce nombre doit peu différer de la température moyenne du sol dans une journée à l'époque du mois d'août. J'estime que la température moyenne de l'air, au sommet même du mont Blanc, doit être d'environ —10° dans ce même mois. Ainsi la moyenne température de la neige y est très-probablement inférieure à celle de l'air. Nous avons vu au grand Plateau, par un ciel serein, le thermomètre sur la neige se tenir, la nuit, à 15° plus bas que la température de l'air.

La formation du givre pendant les nuits sereines est très-évidente : les plus grands cristaux que j'aie observés au grand Plateau, et qui étaient dus à ce mode de formation, avaient environ 2 millimètres de diamètre; ils formaient des lamelles hexagonales qui, vues à la loupe, montraient des stries formant une série d'hexagones graduellement croissants, et ayant tous un sommet commun, point d'attache du cristal sur les neiges voisines.

Dans les lieux ombragés, moins élevés que le grand Plateau et, d'ailleurs, exposés au nord et un peu à l'abri du vent, nous avons pu rencontrer des cristaux bien plus beaux encore. Sur un point ainsi disposé, j'ai vu de belles aiguilles prismatiques de 1 à 2 centimètres de longueur, et un peu à côté, dans une sorte de petite cavité, des cristaux hexagonaux en lamelles minces, très-bien conformées, et de 1 à 2 centimètres de diamètre. Malheureusement nous étions là dominés par un bloc supérieur de glace, et nos guides jugèrent qu'il était prudent d'y rester le moins longtemps possible.

Les phénomènes optiques particuliers à ces régions sont surtout les colorations relatives des ombres et des parties éclairées, celles-là en rose, celles-ci en bleu verdâtre; même en plein midi, on peut apercevoir les ombres de pics très-pointus, qui se projettent sur la neige. Cet effet a été plus d'une fois visible au grand Plateau, mais par un soleil assez bas. Au Vignemale et dans l'ombre de ce cône escarpé qui se projetait sur le glacier qui est au nord du pic, j'ai vu ce phénomène d'une manière très-évidente et par une hauteur considérable du soleil.

Certaines teintes crépusculaires sont aussi beaucoup mieux visibles dans ces hauteurs; là, on voit souvent après le coucher du soleil, et peu après la fin du crépuscule civil (1), une teinte rose bien marquée, illuminant le ciel occidental vers 25 à 40 degrés de hauteur angulaire, et cette teinte n'est presque jamais aperçue de la plaine.

______

(1) Voyez *Ann. météor.*, p. 34 des tomes I, II, III et IV.

L'illumination de la partie zénithale de l'atmosphère est moins marquée dans ces hautes régions : à l'ombre, on a de la peine à voir distinctement des divisions un peu fines. La nuit, la lune éclaire très-faiblement l'atmosphère ; c'est à peine si l'éclat de la pleine lune fait disparaître quelques étoiles de sixième grandeur, dans la région du ciel opposée à cet astre.

Enfin voici un phénomène optique assez curieux. Le 31 août au matin, du grand Plateau du mont Blanc, peu avant le lever du soleil, et derrière l'aiguille que nous avons appelée aiguille de de Saussure, le vent étant du nord et balayant la neige de dessus les crêtes des sommets, M. Martins a aperçu sur cette neige une couronne solaire avec les teintes bleue et rouge, concentriques, qui les distinguent.

On a soutenu quelquefois que la foudre était toujours assez rapprochée de la terre. Horace, qui a dit : « *Feriunt summos fulmina montes*, » n'était pas sans doute de cet avis, et il a eu certainement raison. Pendant notre séjour au grand plateau, nous eûmes, pendant la nuit du 7 au 8 août, un orage qui gronda avec force ; la neige, qui tombait, avait la forme de grésil ; les éclairs furent nombreux, et, chose remarquable, les éclats du tonnerre assez faibles, et cependant l'intervalle entre la lumière et le bruit nous prouvait que nous étions au centre même de l'orage, et que les détonations se formaient à moins d'un kilomètre de distance.

Le nombre des rochers foudroyés, que l'on rencontre sur le rocher de la Tourette, sur les petits mulets supérieur et inférieur est considérable ; sur un rocher faisant saillie sur le gradin le plus nord de l'aiguille du Goûté, à 150 mètres au-dessus du grand Plateau, nos guides en ont ramassé un grand nombre. Moi-même, en passant près du petit mulet inférieur, il m'arriva d'y prendre au hasard, et, comme souvenir de mon excursion, trois échantillons des roches brisées qui l'entouraient ; l'un des trois a offert les traces visibles de la foudre, qui consistent, comme l'on sait, en lignes ou sillons devenus plus ou moins vitreux, et qui quelquefois même prennent la forme d'un demi-canal.

On verra, je l'espère, par cette courte notice, quelle est à peu près la part du prévu dans les observations à faire sur le mont Blanc : reste la part de l'imprévu, qui peut nous dire jusqu'où cette dernière peut aller ?

NOTE RELATIVE

au calcul des dépressions angulaires des sommets de montagnes au-dessous du plan de l'horizon.

Lorsqu'un sommet de montagne est vu d'un autre sommet plus élevé que lui, les deux altitudes étant supposées connues, la dépression angulaire du premier sommet variera, si l'on suppose que la distance au sommet fixe occupé par l'observateur vienne à augmenter. Ce qu'il importe beaucoup de remarquer, c'est que cette dépression passe par une valeur minimum, au delà de laquelle la dépression va de nouveau en augmentant. Pour le faire voir, je nommerai

H, l'altitude, en mètres, du sommet le plus élevé, sur lequel est placé l'observateur;

h, l'altitude, en mètres, de l'autre sommet;

D, la distance *horizontale*, en mètres, des deux sommets;

Δ, la valeur de cette distance en minutes terrestres;

δ, la dépression observée pareillement en minutes angulaires;

C, le coefficient de la réfraction terrestre, estimé ordinairement à 0,08.

On aura, par une formule connue,

$$H = h + D \text{ tang. } [\delta - (0,50 - C)\,\Delta].$$

Si l'on pose $0,50 - C = \alpha$, et si l'on remarque que $\delta - (0,50 - C)\,\Delta$ est un petit angle, on aura

$$H - h = D \text{ tang. } 1' [\delta - \alpha\,\Delta],$$

et posant $D = 1852^m\,\Delta$,

$$H - h = 0^m,5388\,\Delta\,(\delta - \alpha\,\Delta).$$

On tire de là la valeur suivante de la dépression δ en fonction de l'écartement horizontal Δ, sous la forme

$$\delta = \frac{H - h}{0^m,5388} \frac{1}{\Delta} + \alpha\,\Delta \quad (1).$$

Les deux termes du second membre étant positifs, δ est susceptible d'une valeur minimum correspondant à

$$\frac{H - h}{0^m,5388} \frac{1}{\Delta} = \alpha\,\Delta.$$

Pour cette position relative des deux sommets, la trajectoire partie du point H sous l'angle δ devient horizontale en atteignant le second sommet, et là elle est tangente à la couche atmosphérique de hauteur h.

Donc, si δ_0, Δ_0 sont les valeurs de δ et Δ qui correspondent à ce minimum, on aura

$$\Delta_0 = \sqrt{\frac{H - h}{0,5388\,\alpha}},$$

$$\delta_0 = 2\,\alpha\,\Delta_0 = 2\sqrt{\frac{(H - h)\,\alpha}{0,5388}},$$

et, dans le cas général,

$$\delta^2 > \frac{4\,(\mathrm{H} - h)\,\alpha}{0,5388}.$$

On a coutume de supposer $C = 0,08$; mais, dans le cas où il s'agit de voir, du mont Blanc, des montagnes de 3 à 4,000 mètres d'élévation, la densité de l'air traversé n'est guère que les 0,65 de celle de l'air de la plaine, et l'on peut réduire C à la valeur $C = 0,055$, d'où $\alpha = 0,445$. Dans cette supposition, qui me paraît devoir, dans le cas actuel, peu s'écarter de la vérité, je trouve

$$\delta_0 = 1',818 \sqrt{\mathrm{H} - h},$$

$$\Delta_0 = 2',042 \sqrt{\mathrm{H} - h}.$$

Partout ailleurs qu'au point minimum, on a donc

$$\delta > 1',818 \sqrt{\mathrm{H} - h}, \qquad h > \mathrm{H} - 0,3027 \,\delta^2;$$

ce qui assigne une limite inférieure à la hauteur h, lorsque H et δ sont connus.

Par exemple, en faisant $\mathrm{H} = 4,808$ mètres, ce qui était la hauteur de notre théodolite, on trouve :

$$
\begin{aligned}
\text{pour } \delta = 50' & \quad\ldots\ldots\ldots\quad h > 4050^{\mathrm{m}} \\
\delta = 60' & \quad\ldots\ldots\ldots\quad h > 3717^{\mathrm{m}} \\
\delta = 70' & \quad\ldots\ldots\ldots\quad h > 3324^{\mathrm{m}} \\
\delta = 80' & \quad\ldots\ldots\ldots\quad h > 2871^{\mathrm{m}} \\
\delta = 90' & \quad\ldots\ldots\ldots\quad h > 2356^{\mathrm{m}}
\end{aligned}
$$

Voici, du reste, un tableau comparatif des valeurs de δ_0, Δ_0, correspondant aux diverses valeurs de $H - h$.

TABLEAU

INDIQUANT LE POINT DE TANGENCE DES TRAJECTOIRES LUMINEUSES PARTIES DU SOMMET DU MONT BLANC, AVEC DES COUCHES ATMOSPHÉRIQUES DE DIVERSES HAUTEURS.

DIFFÉRENCE de hauteur, $4808^m - h$	DÉPRESSION minimum, δ_0	DISTANCE en arc du grand cercle, Δ_0	DIFFÉRENCE de hauteur, $4808^m - h$	DÉPRESSION minimum, δ_0	DISTANCE en arc du grand cercle, Δ_0
250^m	$28',7$	$32',3$	2500^m	$1°.30',9$	$1°.42',0$
500	40,6	45,7	2750	1.35,3	1.47,1
750	49,8	55,9	3000	1.39,6	1.51,6
1000	57,5	$1°.\ 4,7$	3250	1.43,7	1.56,4
1250	$1°.\ 4,3$	1.12,2	3500	1.47,6	2. 0,8
1500	1.10,4	1.19,1	3750	1.51,3	2. 5,0
1750	1.16,0	1.25,4	4000	1.55,0	2. 9,4
2000	1.21,3	1.31,3	4250	1.58,5	2.13,1
2250	1.26,2	1.36,9	4500	2. 2,0	2.17,0

TABLEAU

DONNANT LES ÉLÉMENTS GÉODÉSIQUES DE DIVERSES MONTAGNES.

MONTAGNES.	LATI-TUDE.	LON-GITUDE E. Paris.	ALTI-TUDE	AZIMUT calculé	DIS-TANCE au mont Blanc cal-culée.	DÉ-PRES-SION cal-culée.
(1) Mont Blanc............	45°49'58"	4°31'41"	m. 4810	.	.	.
Mont Soglio........	45 22 19	5 11 40	1967	—134°25	39'3	2°31'5
Roche-Melon........	45 12 13	4 44 28	3542	—166 35	39,0	1 17,6
Mont Viso........	44 40 3	4 45 13	3798 3836	—172 10	1°10,7	57,9 56,9
Mont d'Ambin......	45 9 25	4 32 53	3381	—178 48	40,5	1 34,3
Bellecombe.........	45 13 3	4 30 42	2760	178 56	36,9	.
Roche-Chevrière....	45 15 37	4 23 9	3281	169 29	32,9	1 40,7
Chaberton..........	44 57 54	4 24 53	3134	174 43	52,4	1 22,7
Mont Tabor........	45 6 51	4 13 39	3180	163 32	45,0	1 27,1
Mont Granier.......	45 27 54	3 35 20	1926	119 22	45,0	2 19,1
Mont Trélot........	45 41 35	3 51 36	2174	135 38	29,1	3 1,4
(2) Pelvoux............	44 53 54	4 3 52	3938	160 37	59,5	53,6
Pointe de l'Arsine...	44 55 20	4 1 24	4103 4178	158 30	58,4	46,2 48,4
Pic de Neige........	44 57 23	4 3 11	3615	157 10	56,5	1 4,3
La Meidge.........	44 59 46	3 55 0	3987	152 38	56,4	52,0
Rocher Blanc.......	45 14 30	3 46 17	2930	137 52	47,5	1 34,4
Grande Rousse (n° 1)	45 9 53	3 48 28	3477	142 40	50,0	1 11,6
— (n° 2)	45 8 18	3 48 3	3479	143 28	51,6	1 10,7
— (n° 3)	45 7 31	3 47 30	3332	143 36	52,6	1 15,4
Taillefer...........	45 2 22	3 35 45	2860	139 54	1 1,8	1 29,3
Belledonne.........	45 10 15	3 39 19	2981	136 57	54,0	1 26,8
Moselle............	44 55 51	3 46 17	3439	149 13	1 2,5	1 7,8
Arguille...........	45 16 40	3 47 18	2887	136 49	45,3	1 39,0
Rocher à l'ouest des sept lacs.........	45 14 33	3 43 40	2732	136 4	48,5	1 41,0
Rocher Badon......	45 14 12	3 46 2	2917	137 52	47,8	1 31,6
Petit Som.........	45 18 30	3 31 9	2068	126 14	52,5	2 0,0
Grand Som........	45 22 14	3 28 33	2033	121 46	51,8	2 2,4

(1) Les éléments du mont Blanc et des points suivants sont empruntés à la triangulation piémontaise (*Opérations géodésiques et astronomiques*, Milan, 1825).

(2) Les éléments du Pelvoux et des points suivants sont empruntés à la triangulation française (*manuscrits du Dépôt de la guerre*).

PARIS. — IMP. DE Mᵐᵉ Vᵉ BOUCHARD-HUZARD, RUE DE L'ÉPERON, 5.

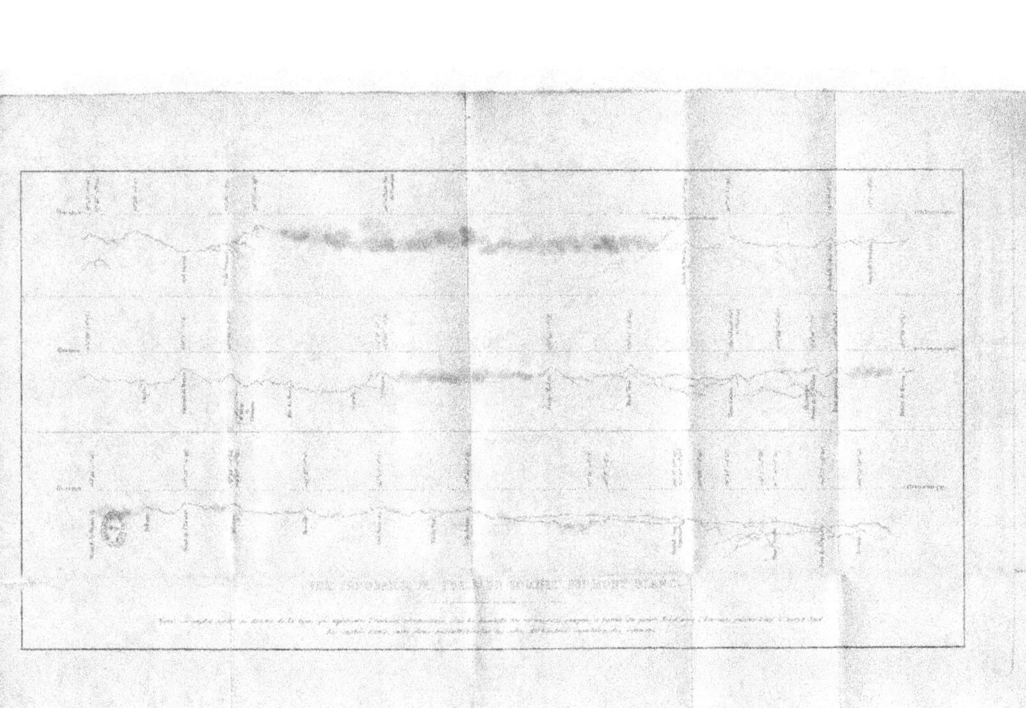

ON TROUVE A LA MÊME LIBRAIRIE.

AURORES BORÉALES, recueil d'observations faites par MM. *Bravais et Lottin* pendant leur voyage en Scandinavie, en Laponie, au Spitzberg et aux Féroé. 1 vol. gr. in-8 accompagné d'un atlas in-fol. 42 fr.

PHYSIQUE DES VOYAGES EN SCANDINAVIE, EN LAPONIE, AU SPITZBERG ET AUX FÉROE sur la corvette *la Recherche*, par MM. *A. Bravais, Victor Lottin*. 8 vol. in-8, papier grand raisin vél., accompagnés d'un atlas de 20 pl. 138 fr.

Ces huit volumes, indiqués sous le titre de PHYSIQUE, sont publiés sous les titres suivants: ASTRONOMIE, PENDULE, HYDROGRAPHIE, MARÉES, MÉTÉOROLOGIE et MAGNÉTISME TERRESTRE.

PHYSIQUE DU VOYAGE AUTOUR DU MONDE SUR LA CORVETTE LA COQUILLE, par M. *L. J. Duperrey*, capitaine de frégate commandant l'expédition. 3 vol. in-4 et atlas in-fol. 198 fr.

Tous les savants connaissent les travaux de M. *Duperrey*, membre de l'Institut; cet ouvrage est le seul où ils se trouvent consignés. Il se divise en trois parties, savoir: HYDROGRAPHIE, 1 vol. in-4 de 164 pages avec un atlas grand in-folio de 52 cartes; HYDROGRAPHIE ET PHYSIQUE, 1 vol. in-4 de 133 pages avec une carte; et PHYSIQUE, 1 vol. in-4 de 294 pages avec 7 planches, dont 6 cartes.

OBSERVATIONS HYDROGRAPHIQUES, PHYSIQUES ET MAGNÉTIQUES, par M. *A. Delamarche*, ingénieur-hydrographe, recueillies, pendant la campagne, dans les mers de l'Inde et de la Chine, à bord de la frégate *l'Érigone*. 4 vol. in-8, grand raisin vélin. 64 fr.

OBSERVATIONS MÉTÉOROLOGIQUES ET MAGNÉTIQUES, par M. *B. Darondeau*, ingénieur-hydrographe, et M. *E. Chevalier*, enseigne de vaisseau, recueillies pendant le VOYAGE AUTOUR DU MONDE DE LA CORVETTE *LA BONITE*. 4 vol. in-8, grand raisin vélin, accompagnés de planches dans le texte. 60 fr.

ASTRONOMIE, PHYSIQUE ET MAGNÉTISME DES VOYAGES EN ISLANDE ET AU GROENLAND sur la corvette *la Recherche*, par M. *Victor Lottin*, capitaine de corvette. 1 vol. grand in-8 en 2 livraisons. 46 fr.

HYDROGRAPHIE DU VOYAGE AUTOUR DU MONDE de la *Favorite*, par M. *Laplace*, capitaine de frégate. Atlas, 3 livraisons sur grand aigle. 30 fr.

IMPRIMERIE DE Mme Vve BOUCHARD-HUZARD, RUE DE L'ÉPERON, 5.